EMMA KANN

IM ANBLICK DES ANDEREN

GEDICHTE

1989

Hartung-Gorre Verlag, Konstanz

Bibliografische Information Der Deutschen Nationalsbibliothek
Die Deutsche Nationalbibliothek verzeichnet diese Publikation in der Deutschen Nationalbibliografie; detaillierte bibliografische Daten sind im Internet über <http://dnb.dnb.de> abrufbar.

1. Auflage 1990, **2. Auflage 2023**
Hartung-Gorre Verlag, Konstanz
ISBN 978-3-89191-315-4 und 3-89191-315-X

INHALTSVERZEICHNIS

Emma Kann wurde am 25.Mai 1914 in Frankfurt am Main geboren, ging dort zur Schule und machte im Frühjahr 1933 das Abitur. Eigentlich hätte sie Soziologie studieren und Journalistin werden wollen. Da dies nicht mehr möglich war, wanderte sie im September 1933 nach England aus.

Zunächst arbeitete sie als Au-Pair in einer Boardingschool in Brighton, später zeitweise als Lehrerin an einer anderen Schule in Sussex. 1936 fand sie eine gesicherte Arbeitsmöglichkeit in einem Geschäft in Antwerpen. Als sie zu Weihnachten 1936 ihre Mutter in Frankfurt besuchen wollte, wurde ihr, trotz eines gültigen Reisepasses, die Einreise an der deutsch-belgischen

Grenze verweigert. Der Beamte zeigte ihr ihren Namen auf der Liste, nach der er sich richten musste. Als die deutsche Armee im Mai 1940 in Belgien einmarschierte, floh sie sofort nach Frankreich. Der fahrplanmäßige Zug Brüssel-Paris verwandelte sich in einen Flüchtlingszug. Nach drei Tagen kam sie in einer kleinen Stadt bei Toulouse an, wurde aber bald interniert und kam für etwa vier Wochen in das Lager in Gurs. Nach ihrer Entlassung ging sie zunächst nach Marseille und wohnte dann bis zum März 1942 mit Verwandten in einer kleinen Stadt im Département Lot-et-Garonne. Dann konnte sie über Casablanca nach Havanna, Kuba, auswandern, wo sie Unterricht in Englisch gab. Sie musste sich dort auch zwei größeren Augenoperationen unterziehen. Von März 1945 bis zum Mai 1981 lebte sie in New York, USA. Als Mitglied der Poetry Society of America traf sie u.a. Louise Bogan und knüpfte auch eine intensive Freundschaft mit W.H. Auden. Sie erblindete im Jahr 1969.
1981 zog sie dann nach Konstanz am Bodensee, wo sie wieder anfing, in ihrer Muttersprache zu schreiben. In den folgenden Jahren publizierte sie vier Lyrikbände im Hartung-Gorre Verlag. Sie starb am 19. Januar 2009 in Konstanz.

DANK AN DEN ANDEREN

Ich danke Dir, daß Du vorhanden bist,
Daß ich mich an Dir messen kann,
Daß ich mit Dir gemeinsam mir ein Netz
Für Lebensschmetterlinge knüpfen darf.
Ich danke Dir.
Wie sollte ich denn ohne Dich begreifen,
Was jenseits meiner Grenzen vor sich geht,
Wenn nur die Einsamkeit
Um mich im Raume steht?
Wie soll ich das verstehen,
Wenn ich mit Dir kein Bündnis schließen kann,
Damit mein Blickfeld sich erweitert,
Bis es im Raum der Einsamkeit
Die Vielfalt der Gestalten sieht,
Die unberührt von mir vorhanden sind?
Ich will Dich nur zum Teil verstehen.
Im Ungesprochenen in Dir,
Im Unerklärlichen beginnt die Brücke
Zu einem neuen, kaum geahnten Strand.
Das Du, das Ich summiert sich nicht zum Wir
Im gleichgesinnten Doppelwesen.
Wir werden füreinander nur zu Toren
In Zitadellen, die das Ich sich baut.

IN DEINER EINSAMKEIT

In Deiner Einsamkeit
Fühlst Du Augen auf Dir ruhen,
Die Augen der ganzen Welt,
Besonders die Blicke der Feinde.
Sie alle helfen Dir,
Dich nicht in dem Raum zu verlieren.
Sie halten Dich fest in Deiner Gestalt
Durch ihre Drohung, durch ihre Bosheit.
Du liebst Deine Feinde
Mit ihren schneidenden Blicken,
Und auch Dein Fürchten ist fast
Der Liebe verwandt.

DAS MEER

Ich sehe das Meer
Mit meinen eigenen Augen.
Ich vergesse alle Gedichte
über das Meer,
Die schönen Wellen aus Worten,
Die mir das Meer beschreiben.
Ich sitze am Meer allein,
Ich sehe das Meer allein,
Das grünlich-graue Meer,
Das keiner jemals beschrieb;
Das mir gehört, das mir
Allein sein Geheimnis verrät.
Ich und das Meer,
Wir haben aus aller Distanz
Hin zum Bündnis gefunden;
Ich und das Meer,
Das Meer und ich,
In seltenen Stunden.

ICH BIN EIN TEIL

Ich bin ein Teil der Erde stets geblieben.
Ich habe Sehnsucht nach den andren Teilen.
Ich will mich nicht von ihnen trennen lassen.
Ich will mit ihnen in Berührung bleiben.
Ich weiß um sie. Sie sind ein Teil wie ich.
Ich will sie nicht zu etwas andrem machen.
Sie sollen bleiben, wie Geburt sie schuf,
In ihrem eignen Wachstum sich entfalten.
Ich will nicht Macht. Ich will nicht Mitte werden
Und ungeschützt allein im Raume stehen,
Die andren dann aus ihrer Bindung pflücken
Und sie verändert rings um mich versammeln
Als einen Schutzwall, als mein Eigentum.
Ich bin ein Teil, der sich nach Teilen sehnt,
Um zwischen ihnen meinen Platz zu finden,
Wenn sich die Erde um die Sonne dreht.

FRAU WANG

Die kleine Chinesin sagte "Mama" zu mir,
Verbeugte sich höflich, als sei ich ein alternder Mensch
Ihrer früheren Welt.
Sie trägt das Zeremoniell ihrer verlorenen Heimat
In die Fremde hinein, ein letztes Stück
Chinesischer Kleidung des Herzens.

Ihr Leben war Flucht von China nach Indochina.
Jahrzehnte später vom indochinesischen Süden
Im winzigen Boot übers Meer ins Ungewisse,
Das für sie Indonesien hieß,
Für viele ihrer Gefährten einfach der Tod.

Dann nochmals die Fahrt ins Unbekannte hinein.
Nicht mehr die Meeresstürme, nicht mehr Piraten und Haie,
Sondern ein fremdes Land mit fremder Sprache
Und mit fremden Sitten
Im unvorstellbaren Westen Europas.

Sie sagte "Mama" zu mir, verbeugte sich höflich,
Bewahrte das alte China in ihrer Gebärde.

DAS KROKODIL

Das Krokodil liegt da mit offenem Rachen.
Ich glaube, es schläft, doch das weiß ich nicht.
Es mag nur lauernd in der Sonne ruhen,
Ein Überbleibsel aus sehr alter Zeit.
Es hat zu sterben vergessen
Vor hunderttausend Jahren,
Als seinesgleichen noch die Herrscher waren.

Hier liegt es nun und scheint mir wie betäubt,
Ich weiß, es kann sich unerwartet regen
Und mich bedrohen,
Wenn Vergangenheit
Ganz plötzlich aktiv wird,
Ohne Verzicht auf eine alte
Und harte Wirklichkeit.

Lebt auch in mir ein Krokodil
Aus frühen, nie gewußten Tagen?
Inmitten aller Herrlichkeit
Von guten und erträumten Taten
Schnappt plötzlich seine Schnauze zu
In alter Grausamkeit,
Die Unschuld war und auch Notwendigkeit
In einer andern Zeit.

Ich fürchte dieses Krokodil
Und sein erstarrtes Daseinsziel.

DAS LÄCHELN

Das Lächeln schwebte über den Wassern.
In den weißen Wolken schwebte das Lächeln.
Die Erde unten war wie ein Kelch
Von Süßigkeit.

Das Lächeln trank noch nicht. Es würde trinken,
Würde Süßigkeit aus dumpfen Häusern heben,
Würde Süßigkeit aus müden Gliedern heben,
Würde Süßigkeit, seltsame Süßigkeit,
Aus den Nöten heben, aus den Schmerzen heben.

Ein Lächeln schwebte über den Wassern.
In weißen Wolken schwebte ein Lächeln,
Schwebte dahin wie ein leichtes Boot,
Das schweren Lasten verbunden ist.

DANKBARKEIT

Dankbarkeit,
Eine Frau mit sieben Unterröcken
Und einem geflochtenen Marktkorb am Arm,
Steht an der Haltestelle,
Erwartet den Autobus.

Zwitschernde Schwalben fliegen vorbei.
Ein Storch steht auf einem Bein
Steif und würdig in seinem Nest.
Häuser haben bekannte Gesichter.
Bäume reden von sich und von andern.
Der wolkige Himmel verspricht,
Was Himmel versprechen mögen.

Dankbarkeit
Weiß wenig von Abschied.
Auch auf der Reise zur Stadt
Bleibt sie zu Hause daheim.

HERBSTLAND

Nochmals ist es Herbst geworden,
Wieder ein Novembertag.
Ich muß dankbar dafür sein;
Für Gewißheit, daß der Herbst
Zurückkehrt mit den alten Zeichen,
Dem fallenden Laub und roten Blättern,
Dem Nebel, dem Sturm und der weißen Sonne
Tiefer am Horizont.
Denn ich bin ein Kind der Herbste,
Die jährlich zu mir kommen;
Und vor der großen grenzenlosen Welt
Ohne erkennbaren Sommer und Winter
In meinem Herbstland treu beschützt.
In meinem Ablauf von Leben und Tod
Treu beschützt.
Denn ich muß dieser Erde danken,
Die mich zu leben lehrte,
Und mit ihr eng verwoben bleiben;
Und von den großen Räumen dort draußen,
Den Jahrmillionen,
Darf ich nur Daten wissen,
Während mein Herz das Blut
Mir durch die Adern stößt
Im menschlichen Gleichmaß,
Und ein irdischer Herbst mit welken Blättern
Mir im Unendlichen die Heimat bietet.

TRANSPORT

Wenn man im Flugzeug der Gedanken
In die winzigsten Welten fliegt,
Sieht man seltsame Formen.
Die Blumen der Dinge,
Die man dort in den winzigsten Welten pflückt,
Welken auf dem Landeplatz
Der gewohnten Erde.
Nur ganz schüchtern, irgendwo,
Bleibt ihr Bild erhalten.
Leise flüstert die Ahnung:
Es gibt eine andere Welt
An allen Wurzeln
Des scheinbar so greifbaren Daseins.

WIESENTANZ

Ich lag im Gras und ließ die Erde sprechen.
Ich ließ die Wärme reden und den Wind.
Ich wollte auf die stillen Töne hören,
Die in dem Tanz verborgen sind.

Denn der Boden tanzt, die Lüfte tanzen,
Alles tanzt und nimmt im Tanz mich mit,
ohne daß ich meine Glieder rege,
ohne Handbewegung, ohne Schritt.

Nur mein Ohr vernimmt das Tanzgeschehen
Und das Blut stimmt in den Rhythmus ein
Und der Atem möchte in die Tänze
Ganz und gar verwoben sein.

ROSE

Diese Rose weiß,
Wie sie zu blühen hat,
Besitzt noch nicht
Die Organe des Zweifels.
Sie ist sich selbst
Nur in dem einen bekannt,
Dem Akt des Blühens.
Der Same kommt und das Welken.
Ich spreche davon.
Die Rose kennt keine Worte,
Keine Organe des Zweifels.

DER ERSTE ACKERBAUER

Der erste Mann, der einen Acker pflanzte,
Einen kleinen Acker, einen Klecks von einem Acker,
Sammelte seine Ernte und war froh.
Er mußte nicht mehr durch die Ebene wandern;
Er mußte nicht mehr ins Gebirge klettern;
Er mußte nicht mehr die vielen Tage verfluchen,
An denen er keine nützliche Nahrung fand.

Seine Stammesgenossen, Brüder und Freunde
Sahen ihn bang und voller Mißtrauen an.
Er hatte etwas getan,
Wovon die Götter noch niemals gesprochen hatten.
Eine solche Tat war den Göttern sicher verhaßt.
Wie Morgen und Abend. wie Sommer und Winter
Waren sie immer die gleichen geblieben
In der alten Verwandtschaft genährt von Leben und Tod.
Man durfte den unentrinnbaren Armen der Götter
Keinen Krümel ihrer Macht entwenden.
Wilde Tiere, Trockenheit, Hunger, Pest
Hielten sie in leicht erregbaren Händen.

Bald lag der erste Ackerbauer
Ermordet in der Nähe seines Feldes.
Doch jemand hatte einige Ähren gestohlen.
Wie Pocken zeigten sich Ackerflächen
Mitten drin in der gewohnten Wildnis
Und einer hatte sein bebautes Land
Nach einem unbekannten Gott benannt.

AN DIE GESCHICHTE

Lehre mich zu verstehen,
Was ich erlebte.
Sage mir, wo ich blind war
Und wo ich das Falsche sah.
Sage mir, wo ich die Zeichen
Schlecht gedeutet habe
Und wo ich richtig sah,
Aber den Augen mißtraute.
Sage mir, wo das Erinnern
Begriffe und Bilder verlor,
Bis fremde Worte den Teppich
Meiner Gedanken knüpften.
Sage mir, wo die Not
Mich vorwärts zwang wie ein Tier
Und ich doch nicht ihr Antlitz sah.
Sage mir, sage mir,
Wie sich ereignen konnte,
Was da geschehen ist.
Ich werde Dir Glauben schenken –
Vielleicht.

BITTE

In einer harten Welt
Die Sprache weich zu halten;
Geduld im Blick zu pflegen
Für Unscheinbares, Zartes;
Die Wirkung zu bedenken,
Bevor der Akt geschieht,
Bevor die Möglichkeit
Vor einer Tat entflieht;
Im Reich der vielen Keime
Vorsichtig aufzutreten
Und nicht zu rasch zu pflücken
Und nicht zu wild zu jäten –
Das alles möchte ich
Von meiner Zeit erbitten.
Sie hat zu viel zerstört.
Sie hat zu viel erlitten.

AUCH DIES WAR JERICHO

Auch dies war Jericho:
Uralt, von der Geschichte schon vergessen,
Erbaut, als die Familie Abrahams
Längst noch in Ur bei den Chaldäern wohnte,
Vielleicht noch früher. Menschen gingen hier
Durch ihren Alltag von Geburt und Tod.
Handwerker, Herrscher, Liebende und Krieger
Im Bund mit ihren angestammten Göttern.
Die Feinde kamen, Hunger, Feuer, Not.
Die Mauer schützte nicht mehr ihre Bürger.
Versklavt, ermordet gingen sie dahin.
Verzweiflung herrschte und die Erde schien
Zusammen mit den Göttern ganz am Ende.

Auch dies war Jericho:
Vielleicht die unterste der vielen Schichten
Im Berg von Städten, Siedlung über Siedlung,
Die späten von den frühen nie erahnt
hinter der dunklen Zone der Vernichtung.

Auch dies war Jericho:
Mit andern Bürgern wieder auferstanden,
Mit neuen Häusern, Mauern, Freunden, Feinden,
Mit neuem Arbeitsgeist und neuem Handel.
Auch heute noch steht Jericho,
Steht auf den Trümmern längst vergangner Städte.
Man gräbt hinab zu Orten der Zerstörung,
Die einst das Zentrum einer Herrschaft waren.

Die Schlacht von Armageddon
Hat noch nicht stattgefunden.
Doch wenn sie kommen muß, dann möge sie
Auch nicht die letzte aller Stunden sein.
Und möge nochmals dann ein Jericho
Wohnort der Enkel und der Fremden wachsen.

WENN DER FRIEDEN KOMMT

Wenn der Frieden kommt,
Wird er ein Tausendfüßler sein,
Verankert mit jedem Fuß
In einem anderen Herzen.
Er wird Millionen Füße haben,
Nicht nur tausend.
Und jedesmal, wenn er vorwärtsschreitet,
Werden unzählige Füße
Ihn begleiten und tragen.

AUF DEN KNIEN DES RIESEN

Ein Riese spielt mit mir.
In seinem offenen Mund
Starren die Zähne
Weiß und bißbereit.

Auch ich bin am Spielen
In den Händen des Riesen,
Auf den Knien des Riesen,
Zu Füßen des Riesen.
Ich spiele - und über mir
Glänzen die Zähne
Weiß und bißbereit.

DAS UNGETÜM

Die Kralle der schlimmen Vergangenheit
Hat wieder nach mir gegriffen;
Und draußen blühte ein Frühlingstag.
Die Vögel haben gepfiffen.

Ich war dem Schlund von Leiden und Tod
Mit Mühe nur entkommen.
Der Rachen dieses Ungetüms
Hat Fleisch von meinem Fleisch genommen.

Doch ich verschwand nicht in der Nacht.
Ich lief dem Frühling nach.
Ich sprach mit Menschen aller Art
Und teilte ihren Tag.

Mein Leben hat sich aufgebaut
Aus Nacht und auch aus Licht.
Mich schaudert, wenn das Ungetüm
Noch einmal zu mir spricht

Und sagt: "Du bist ein Teil von mir,
Du darfst mir nicht entgehen.
Du mußt die Welt mit meinem Blick,
Mit dem Triumph der Opfer sehen."

Das Ungetüm kommt mir sehr nah.
Schon sehe ich die Augen glühen.
Ich halte mich am Sonnenschein.
Es ist jetzt Mai - die Bäume blühen.

ZWITTER

Warum haben sich nur
Liebe und Machtgier so eng durchdrungen,
Sprachen mit identischen Zungen,
Verwischten einander die Spur?

Und die Liebe stand
Trauernd dann vor den Trümmern;
Und die Machtgier fluchte,
Wollte sich nicht um sie kümmern.

Machtgier bäumte sich auf.
Liebe wurde sehr bitter.
Unzertrennlich wie stets
Lebten sie weiter als Zwitter.

VERLEUMDUNG

Ich stehe hilflos vor dem Unrecht da.
Ich stehe hilflos da vor der großen Lüge.
Ich erlebe hilflos die Macht des giftigen Worts.
Ich stehe hilflos da.

Sie jagen nicht mehr im Freien nach Bären und Füchsen.
Sie sind zu sanft, um auf die Jagd zu gehen.
Sie wollen nicht direkt den Tod mehr geben
Und nicht dem Opfer in die Augen sehen.

Das Gift muß langsam planvoll um sich greifen,
Die Macht zerstören und die Macht erbauen,
Geschwüre durch den ganzen Körper ziehen,
Aus denen dann der Eiter brechen kann.

Ein jeder redet. Keiner weiß genau,
Was da geschieht, was da geschehen soll,
Bis Wüste sich rings um das Opfer breitet;
Und jeder zaudert, mancher lächelt matt,
Während das Unrecht durch die Leere gleitet
Und Blut zersetzt, bis Einer leblos wird.

IM SCHATTEN DER GROSSEN LÜGE

Im Schatten der großen Lüge
Spielen die kleinen Lügen
Harmlos wie Lämmer
Auf ihrer Wiese.

Manchmal sieht es so aus,
Als sei das Gras ihrer Weide
Haar oder Fetzen von Fleisch,
Rote Spritzer beschmutzen
Das Weiß ihrer Vließe.

Ruhig spielen die Lämmer
Weiter auf dem Gelände,
Tun so, als wäre der Mord
Nicht mehr als ein Pflücken von Blumen.

FALSCHE FRAGEN

Als sich die wirkliche Frage
Im Gebüsch der falschen Fragen versteckte
Und sie niemand entdeckte,
Waren die Früchte der falschen Fragen
Bald auf allen Märkten zu sehen,
Wurden verkauft und wurden gegessen,
Ohne sie recht zu verstehen.

Da kam der Hunger ins Land,
Hunger bei vollem Magen.
Keiner konnte genau den Grund
Für seinen Hunger sagen.

DER NACHBAR ODER DER EGOIST

Ich liebe den Menschen im Allgemeinen,
In dieser Stadt, auf allen Kontinenten.
Aber ich habe Angst vor dem einen,
Der in dem Hause neben mir wohnt.
Er könnte sich in seiner Einsamkeit
Mit Träumen und Wünschen an mich wenden.
Das wäre nicht so schlimm, auch ich bin einsam.
Doch leider fehlen mir die nötigen Stunden
Und wenn er bei mir steht und spricht,
Reißt er in meine Ordnung empfindliche Wunden.
Ich bleibe allein in meinem Gehäuse.
Ich liebe den Menschen im Allgemeinen.
Mein Herz kann sich öffnen, mein Herz kann sich dehnen,
Beschützt vor dem Nachbarn, dem quälenden einen.

FÜNF MILLIARDEN MENSCHEN

Ich lebe gerne unter Menschen.
Jetzt habe ich endlich das Vergnügen
Unter fünf Milliarden Menschen zu leben.
Das sollte mir wirklich genügen.

Ich lebte lieber mit fünf oder zehn,
Die Gesichter haben, vielleicht mich kennen,
Die wenigstens etwas von mir verstehen
Und mich bei meinem Namen nennen.

Fünf Milliarden - und jedes Leben
Unantastbar in seinen Rechten -
Das kann man nicht fühlen, das kann man nicht fassen.
Das ist ein Alptraum in schlaflosen Nächten.

NACHRICHTEN

Ich hörte die große Stimme
In zahllose einzelne Stimmen zerbrochen,
Frauenstimmen. Männerstimmen,
Alle mit ihrer kleinen Gabe
Zur Färbung der Worte, der gleichen Worte,
Gesprochen im großen verborgenen Chor.

Vor dieser vielstimmigen Nachricht
Standen meine stummen Gedanken,
Gefüllt mit ihren eigenen Bildern,
Bewegt von stillen Erinnerungen,
Wußten zu viel, um zu glauben,
Waren zu müd, sich zu wehren.
Sie lächelten hilflos. Die Nachrichten flossen
Wie ein Bad an den Gliedern des Geistes entlang,
Um irgendwo zu versickern,
In mir oder jenseits von mir.
Ich konnte das nicht genau sagen.

ALS DIE TIERE NOCH SPRACHEN

Als die Tiere sprachen,
Gab es noch keine Grammatik.
Selbst der Klang war nur ein Notbehelf.
Das Ohr besorgte einen anderen Dienst
Als Worte einer Sprache zu vernehmen.
Noch immer ist es unbekannt,
Warum der eine doch
Den anderen verstand.
Von Tier zu Tier, von Tier zu Mensch
Und selbst von Mensch zu Mensch
Über Entfernung oder von ganz nah
War plötzlich ein Verstehen da.

DAS KÖNIGSKIND

Ich bin zum Königskind geboren,
Doch kam nicht im Palast zur Welt.
Ich trage meine goldne Krone
Sehr hoch, damit sie mir nicht fällt.

Ich möchte, daß die Menschen sehen:
Ich war und bin ein Königskind,
Auch wenn die Zügel meiner Herrschaft
Mir ewig vorenthalten sind.

Die Eltern gaben mir ein Wissen,
Das wenig Studien nötig hat.
Ich sehe mit geschlossnen Augen.
Ich kenne schon das Resultat.

Ich geh dem Königreich entgegen,
Das die Geburt mir zugeteilt,
Auch wenn mein Haupt mit seiner Krone
Noch mitten in der Menge weilt.

VERÄRGERTE WORTE

Verärgerte Worte schwingen in mir
Wie Strohgestalten an einem Seil.
Sie möchten aus mir entrinnen.
Ich lasse sie nicht hinaus.
Ich sende sie nicht ins Ohr meiner Feinde.
Ich lenke sie nicht ins Ohr meiner Freunde.
Sie vertrauten so sicher auf ihren Erfolg,
Witterten Beifall im Murmeln der Menge,
Wußten, wie sie verletzen konnten.
Aber ich lasse sie nicht hinaus.
Sie schwingen wie Strohgestalten
Durch meine Tage und Nächte.
Werden sie einst mich ersticken?
Werden sie langsam ermüden,
Lautlos vom Seile fallen
In die Nacht des Vergebens?

DIE HAND DER VERSÖHNUNG

Ich reiche Dir die Hand zur Versöhnung.
Ich bleibe ich.
Aber ich reiche Dir die Hand zur Versöhnung.
Du bleibst Du.
Kann ich dann völlig ich selber bleiben,
Wenn Du und ich uns die Hand zur Versöhnung
reichen?

Die Hand der Versöhnung ist kurz.
Schritte müssen uns näher tragen
Zur Hand der Versöhnung.
Bin ich dann noch ich?
Bist Du dann noch Du,
Bleiben wir ganz, was wir früher waren
Vor dem Schritt zur Versöhnung?

DAS LEBENDIGE BUCH

Wenn ich Dich kennen würde
Wie ein Buch, das man Seite um Seite liest,
Wärest Du reif für das Bücherregal.
Ich käme nur selten in Deine Nähe,
Um Staub von Dir abzuwischen.

Aber es ist nicht so.
Der Drucktext wechselt auf dem Papier Deiner Tage.
Immer wieder entdecke ich Paragraphen,
Die andere von der Seite löschten.

Ein stets sich erneuerndes Buch
Darf nicht auf das Bücherregal.
Es bleibt auf dem Tisch hier liegen.
Ich suche und finde in ihm
Alte Zitate und neue Texte
Mit Widersprüchen, die ich nicht klären darf.

DER ENGEL

Der Engel, mit dem ich ein Leben lang kämpfte,
Kam noch einmal zu mir
Und ich sagte zu ihm: Ich bin schwächer geworden.
Ich stelle mich doch noch zum Kampf mit Dir.

Wie immer war es das gleiche Ringen.
Zwar schien er zeitlos, nicht jung, nicht alt.
Doch etwas hatte auch ihn verändert,
Er zeigte nicht ganz die gleiche Gestalt.

Ich war müde. Nur die Gewohnheit gab
Mir jetzt noch ein Wissen um wirksames Handeln.
Keiner von uns hat den andern besiegt.
Es ging ums Berühren. Es ging ums Verwandeln.

DU HAST MICH IN MIR SELBST VERSCHLOSSEN

Du hast mich in mir selbst verschlossen,
Du nahmst den Schlüssel mit Dir fort.
Nun suche ich in meinem Innern
Nach einem neuen Schlüsselwort.

Nun suche ich nach einem Himmel,
Der mir die Freiheit wiedergibt
Und all die Zäune, all die Wände
Erleichternd auseinanderschiebt.

Ich kann nicht das Gerümpel brauchen,
Das mir jetzt im Bewußtsein liegt.
Es stellt sich quer, bis jede Strömung
Des eignen Quells in mir versiegt.

Du hast mich in mir eingeschlossen,
Du hast mich mehr als leer gemacht,
Du wußtest nicht, was Du bewirktest,
Du hast nicht einmal dran gedacht.

SEELENGARDEROBE

Ich habe Dich kaum erkannt,
Als ich Dich auf der Bühne sah.
Du warst ein anderer Mensch.
Du spieltest einen anderen Menschen.
Du hattest in Dir selbst gesucht
Zuinnerst, wo sich viele Dinge sammeln.
Du hattest diesen anderen Menschen
In Spuren in Dir entdeckt,
Ausgefüllt und zum Leben erweckt
Bis er zur Wahrheit wurde.
Da standest Du, Dein altes Ich
Ganz umhüllt von der neuen Rolle,
Die keine Lüge war und mehr als Spiel.
Du gabst Dich hin der anderen Möglichkeit,
Die auch aus Dir entsprang.

Ich sah Dich nach dem Spiel,
Da gingst Du ganz allein durch eine Straße,
Da zogst Du Dich in Deiner Seele um
In das Kostüm, das Du gewöhnlich trägst
Und das Dein Photo zeigt, und das wir kennen.

DER ANDERE III

Ich weiß, Du wirst mich nicht verstehen,
Selbst mit dem Wunsch der Freundschaft nicht.
Wir können nur gemeinsam gehen,
In jedem Wort, das einer spricht,
Den Funken einer Strahlung sehen,
Die sich in vielen Prismen bricht.
Denn wir sind frei, wir selbst zu bleiben,
Nicht eingezwängt ins Augenmaß
Des anderen, nicht an das gebunden,
Was einer in dem andern las.

DER FREMDE

Der Fremde sitzt im Flugzeug neben mir,
Spricht zum Bekannten in der nächsten Reihe,
Lehnt sich zurück. stellt die Musik sich an,
Verspeist sein Essen, tauscht nur wenig Worte
Und schläft dann durch die Nacht an meiner Seite.
Der Morgen kommt, mit ihm der Landeplatz.
Wir gehen beide die getrennten Wege,
Jeder in seine Kreise eingekapselt,
Und jeder nimmt sein eignes Rätsel mit
In seine Zukunft, wissend, daß der Fremde
Nicht danach fragte, nichts erlösen wollte.

TOD

Er war zur Leiche geworden
Beim letzten Atemzug.
Die Leiche war ein Ding,
Das man rasch aus dem Hause trug.

Eine Frage stand in dem Zimmer.
Die Liebe machte den Sprung
Von Tagen der Sorge und Pflege
Hin zur Erinnerung.

SUPERNOVA

Der sterbende Stern
Trägt ein flammendes Totengewand.
Es gibt keinen Friedhof
Für einstige Sterne.
Die Sternenvölker
Der Galaxien
Haben andere
Totenbräuche.
Lebende Energien strömen
Aus sterbenden Sternen
Und wandern weiter.

OH DIE SIRENEN

Oh die Sirenen,
Einstmals Verführerinnen
An Felsenklippen des Meeres.
Mit berückenden Stimmen
Lockten sie die lauschenden Schiffer
Hin in die Todesgefahr.

Oh die Sirenen,
Wortelos und mechanisch,
Aber noch immer mit Hoffnung und Trauer
Und dem seltsamen Ruf der Weite im Klang,
Wenn sie vom Schiff durch die Nebel schallen
Warnend vor dem Zusammenprall.

Oh die Sirenen,
Laut und schrill,
Wenn Gefahren die Stadt bedrängen,
Wenn der Tod mit gespreizten Flügeln
Durch den arglosen Himmel sich nähert,
Wenn selbst die Angst erstarrt
Und hilflos vom Zufall erwartet,
Ob der Tod weiterfliegt
Oder sich niederläßt.

AN EINE DEPORTIERTE

Nun bist Du zum Symbol geworden.
Man wirft Dich in den Hexenzuber,
In dem der Saft der neuen Mythen brodelt.
Ich kannte Dich, als Du lebendig warst.
In meiner Jugend sah ich auf die Züge
In Deinem Antlitz, Deine Gegenwart.
Die jungen Menschen wissen um Dein Wesen
Nicht mehr; Du bist nur Chiffre ihrer Sprache,
Bist austauschbar mit tausend andern Menschen
Im großen Zauberkessel Deines Todes.
Du warst ein Mensch für mich. Ich liebte Dich.
Dein Menschsein ist zutiefst in mir geborgen.
Wenn Dein Verlust in einem andern Hirn
Zum grellen Mythos wird, dann muß ich schweigen.

GENERATIONEN

Du hast in mir gelebt,
Du wirst in anderen leben,
Wirst ihrem Leben einen Inhalt geben
Für einen Augenblick
Oder für lange Zeit,
Doch stets in Grenzen der Vergänglichkeit.

Ich bin an einem fernen Tag geboren,
Schon halb ertrunken in dem Strom der Zeit.
Das, was ich bin und war und werden wollte,
Blieb ein Geheimnis meiner Einsamkeit.

Du hast ein wenig von mir miterlebt
Aus Deiner Sicht. Wer kann sich ganz enthüllen?
Wer sieht den andern, wie er wirklich ist
Und wird ihn nicht mit seinem Wunsch erfüllen?

Wir lieben uns und sind doch fremde Schiffe,
Treiben im Abstand auf das Meer hinaus
In das Vergangensein. Wir binden Rätsel
Des Ungesagten in den Abschiedsstrauß.

Auch Du wirst einst der Nacht entgegenfahren.
Möge Dein Schiff dann gut beladen sein
Mit Liebe, Freundschaft und Erfahrungsgut.
Gib sie der fernen Nacht. Sie lädt Dich ein.

TRAGÖDIE

Mutter, die nicht sterben kann,
Du saugst meine Kräfte aus mir heraus,
Machst mich so alt wie Dich selbst.
Kinderliebe zu Dir
Bohrt in mir mit den Nägeln der Pflicht,
Trägt ein schlechtes Gewissen
Als Pflegekleid.

Mutter, die nicht sterben kann,
Ich darf Deinen Tod nicht erhoffen,
Nicht in klaren Gedanken.
In mir flattern wie Flammen
Ungesprochene Worte,
Zehren mich aus.
Ich bin älter als Du geworden.
Ich habe Dich mir zum Kind gemacht,
Zum Kind, das nichts mehr gebären wird
Außer der Todesstunde.

DAS LÄCHELN DES BUDDHA

(Erinnerung an eine Khmer Skulptur)

Der Buddha lächelt.
Er lächelt nicht für mich.
Sein Lächeln hat keinen Zweck.
Sein Lächeln ist keine Maske.
Der Buddha hat Frieden gefunden.
Die wilden Tiere des Dschungels
Bedrohen ihn nicht mehr.
Nacht und der Tag
Ziehen über ihn hin
Nach ihrem Gesetz.
Er hat die Türen
Seiner Grenzen geöffnet,
Auch die Türe des Todes.
Die Welt spielt in ihm
Wie zu Anbeginn,
Ein warmer Reigen
Des Kommens und Gehens.
Das Lächeln hebt sich aus ihm
Und schmückt sein Gesicht.

APOLLO VON BELVEDERE

Apollo, Gott, in Marmor gehauen,
Du sprichst zu mir in göttlicher Sprache.
Du sprichst in mir eine menschliche Sprache.
Beides zusammen schwingt in mir nach
Über die Jahre und schenkt mir sein Licht.
Göttliche Sprache, menschliche Sprache,
Vereint in dem behauenen Stein,
Geahnt und gesucht in irdischem Wirken;
Mitten im Zwielicht der täglichen Stunden
Bricht aus dem Marmor das gültige Wort.

BÄUME DER ERKENNTNIS

Der erste Baum der Erkenntnis
Stand im Garten der Unschuld,
Im Garten Eden.
Aus dem Wissen von Gut und Böse
Entstand seine Frucht,
Brachte Erfahrung des Todes.
Wie für den Fisch,
Der den Kopf aus dem Wasser hebt,
Wurde die Welt
Zum fremden Raum.
Adam und andere standen
Sich gegenüber,
Getrennt und gefährdet.

Der zweite Baum der Erkenntnis
Wuchs aus der Umwelt,
Die Adam und Eva sich schufen.
In einer großen Stadt,
Wo Menschen lehrten und lernten,
Stand er im Garten.
Auch seine Frucht enthielt
Ein Geheimnis im Wirken der Welt.
Jemand reichte hinauf sie zu pflücken.
Keine Schlange versprach oder warnte.
Ein reiner Wille griff
Nach der geistigen Frucht der Jahrzehnte,

Wußte nicht, was er
Da plötzlich an sich nahm.
Auch diese Frucht der Erkenntnis
Trug den Tod in sich
Und die Angst vor dem Tode.
Das Geheimnis der Fremde
Lag nun in den eigenen Händen
Und mußte gezügelt werden.

GLAUBENSFRAGE

Glaubst Du, daß es einst im Himmel
Schalter gibt für jede Sekte,
Schalter gibt für jeden Glauben,
Der dort Eingang finden will?
Wo soll es den Himmel geben,
Der so viele Kammern hat
Und so viele Trennungswände?
Ungezählt sind ja die Menschen,
Die den Erdentod erlitten
In dem Ablauf langer Zeiten.
Sind sie in getrennten Räumen
Droben, drunten aufgehoben?
Oder gibt es keine Grenzen
Für die große Schar der Toten
Und das Universum bietet
Allen seine Räume an,
Wo in unbegrenztem Werden
Leben aus dem Tod entsteht?

GOTTESDIENST

Es gab keine Brandopfer mehr.
Fern vom Altar des zerstörten Tempels,
Fern von Priestern und Schriftgelehrten,
Einsam verloren zwischen den Feinden,
Trugen sie sterbend die letzte Gabe
Wie ein Opfer zum Vater im Himmel, zum Herrn.
Unfreiwillige Opfertiere
Von Henkern, nicht von Priestern getötet
In Riten fern von jedem Gesetz.
Höre Israel,
Der Ewige Dein Gott,
Der Ewige ist eins.
Die Toten der Jahrtausende,
Erstochen, erwürgt, gebrandmarkt, vergast,
Wandern mit den Lebenden weiter,
Tragen mit ihnen die Bundeslade,
Jubeln und klagen mit ihnen in jedem Gebet.

DIE KIRCHE VON ST. DAMIAN (ASSISI)

Als ich die Kirche von St. Damian
An einem schönen Frühlingstag besuchte,
Hörte ich Vögel in den Bäumen zwitschern
Und dachte, daß Franziskus auch zu ihnen
Von seiner Liebe, seinem Glauben sprach.
Die Eingangstür der Kirche stand weit offen.
Mönche bereiteten den Hochaltar
Knieend und richtend für die nächste Messe.
Sonst war die Kirche leer. Ich setzte mich
Auf eine Bank, sah auf ein Christusbild
Nicht weit entfernt, das noch das Tageslicht
Vom Eingang her ganz knapp berühren konnte.
Es war ein altes Bild, wohl byzantinisch
In seiner Herkunft, feierlich und starr.
Das Bildnis zog mich an. Ich war versunken
In seinen Anblick in dem stillen Raum
Und draußen hörte ich die Vögel singen.
Da schien es mir, ich sähe einen Hauch
Von Leben in dem Bild, ein Spiel von Schatten,
Ein Hin und Her von Dunkel und von Licht,
Und etwas regte sich. Ein neuer Ausdruck
Löste das starre Christusangesicht.
Am Himmel waren Wolken aufgezogen,
Verdeckten dann und wann den Sonnenschein.
Im Wechselspiel von Helligkeit und Schatten
Vollzog ein Leben in dem Bilde sich.
Ich wußte es und wollte es nicht wissen.
Wie Gleichnis sprach das Wirken der Natur.
Ich war gebannt. Ich starrte auf das Bildnis
Und in mir lebt noch heute seine Spur.

DIE BLINDEN

Es sind nicht die Blinden,
Die Trennung sehen.
Es sind nicht die Blinden,
Die das Nichts erfanden.
Blinde gehen
Im ungestörten
Raum ihrer Nacht;
Und sie sehen,
Denn auch Blinde sehen,
Eine Welt ohne Mauern und Kanten.
Was die Finger fühlen,
Was die Ohren hören,
Muß immer wieder bestehen
Vor der herrschenden Einheit der Nacht.

IM PARADIES

Er lebte im Paradies,
Obwohl es draußen welke Bäume gab
Und die Sirenen manches Mal
Von Feuer und Gewalten sprachen.
Er lebte im Paradies.
Selbst in der Dummheit sah er eine Kraft
Der Weltenordnung. Er war nicht zufrieden
Mit ihr, doch wußte, daß sie nötig ist
Und daß man nur in Paradiesen wohnt,
Wenn man der Dummheit, der Zerstörungskraft
Den Eigenwillen gönnt und ihn erträgt.
Er lebte im Paradies.
Er hatte es schon lange aufgegeben,
Nur nach der Schönheit und dem Licht zu streben.
Er nahm die Dunkelheit, er nahm die Not
Mit in die Regeln seiner Lebenskunst.
Er glaubte nur, daß irgendwo,
Ganz unbewußt,
Sich eine Ordnung dennoch aufrecht hält
Und war gewillt,
In Tod und Leben sich ihr hinzugeben.
Er wohnte im Paradies
Mit süßen und mit furchtbar bittern Früchten,
Die er nicht immer aß,
Doch die er wachsen ließ.

ERINNERUNG

"Ich glaube nicht an Gott, nur an den Teufel,"
Sagte ein Freund zu mir vor vielen Jahren,
Als wir beide, ich und er,
Junge Menschen waren.

Ich war erstaunt darüber.
Ich hatte nie an den Teufel gedacht
Und mir auch über Gott
Wenig Gedanken gemacht.

Mein Freund lebt irgendwo.
Wir blieben nicht Du und Ich.
Wir gingen verschiedene Wege.
Eine lange Zeit verstrich.

Viel Böses ist geschehen,
Das dem Teufel Substanz verlieh.
Ich glaube heute eher an Gott.
Das Wort meines Freundes vergaß ich nie.

DER GOTT DER NEUEN WELT

Der Gott der neuen Welt hat keine Namen.
Man legte manche seiner Adern bloß.
Den ganzen Körper hat man nicht gefunden.
Er blieb ganz ungebunden
Im Netz der Wissenschaft.

Er hat sich einer Rose anvertraut.
Sie welkte, ohne es zu sagen.
Es rieselt ihr Geheimnis wie ein Staub
Durch Abenddämmerung an Sommertagen.

Der Gott der neuen Welt ist kein Besitz
Und kein Geschenk. Er ist nur ein Vertrauen,
In das die Wellen jedes Morgenlichts
Die Traumgebilde ihrer Stunden bauen.

HOFFNUNG

Ich legte meinen Glauben ab.
Ich legte meine Flagge ab.
Ich bin nur noch ein Mensch, ganz nackt.
Ich stehe da im Wind.
Lüfte spielen auf meiner Haut,
Lüfte, die ich nicht kannte.
Der Tau der Nacht
Benetzt mich wie ein Gras.

Ist nicht die Blüte am Birnenbaum
So nackt wie ich
Und weiß doch, wie sie zur Birne wird,
Wenn die Reife naht?

SEHNSUCHT NACH DEM MEER

Zwar bin ich nicht am Meer geboren
Und doch ist es mein Heimatland.
Seit ich zum allerersten Male
Als Kind an seinem Ufer stand.

Ich liebte Wälder, liebte Wiesen,
Liebte die Häuser in der Stadt;
Ich liebte, was vom ersten Tage
Des Lebens mich umgeben hat.

Und doch das Meer, das weite Meer
Mit seinen Wellen, seinem Schaum,
Mit seinem freien Horizont,
Das war ein tiefer Heimatstraum.

Ich war zu jung. ihn zu befragen.
Ich wußte nicht, woher er kam.
Ich ahnte, daß ich wie die Muschel
Sein Rauschen in mein Wesen nahm.

Ich liebe Wälder, liebe Wiesen,
Berge und Städte um mich her.
Doch hinter allem lebt die Sehnsucht
Nach einem weiten, wilden Meer.

MORGENDÄMMERUNG IM MAI

Die Vögel singen im Morgengrauen.
Auf den Bäumen links, auf den Bäumen rechts
Singen die Amseln, singen die Finken,
Singen Vögel mit vielen Stimmen,
Singen einzeln, singen im Chor.
Noch rührt sich nichts im Garten
Und auf der Straße, die ins Weite führt.
Die Luft ist feucht und kühl.
Es ist so still, man hört den Wind im Lauf.
Es ist so still, man hört ein fernes Bellen.
Man steht dazwischen und vergißt sich fast
Im Lauschen auf die Vogelstimmen,
Die ungewollt so vieles sagen könnten
Und ungewollt mir jetzt so vieles sagen.

SOMMERTAG

Die Sonne strahlt auf mich, die Sommersonne.
Für eine kurze Zeit löscht sie den Durst
Auf Tätigkeit und rasches Wirken.
Meine Gedanken tragen weiche Schuhe.
Ich höre nur verstohlen ihren Tritt
Und immer wieder schwingt die Sonnenwärme
Besänftigend in ihnen mit.
Es ist genug, hier auf dem Stuhl zu liegen,
Der Zeitlauf rollt ganz unbemerkt vorbei,
Als ob ich nicht mehr in ihn einbezogen
Und eine Beute seiner Folgen sei.
Es ist sehr still. Ich höre nur das Summen
Der Wagen auf der Straße und den Wind.
Ich bin erstaunt, daß es noch Stunden gibt,
Die Blüten einer Pflanze ähnlich sind.

ENTENFÜTTERUNG IN NIEUWKOOP

Zur Mittagszeit kamen die Enten
Ganz nahe an die Terrasse heran,
Verlangten ihr tägliches Brot.

Der Trupp bestand aus etwa dreißig Tieren,
Kräftigen Vögeln, grünlich und braun.
Ganz hinten. ein wenig geduckt wie ein Greis,
Ging ängstlich ein Goldfasan.

Die Enten schnatterten laut und erregt.
Einige in der vordersten Reihe
Gaben sich selbstbewußt und bedrohlich.

Sie waren wilde Enten,
Die weiter fliegen konnten
Im Zug der Jahreszeiten
Und weiter fliegen würden.

Wir warfen ihnen Futter zu.
Wir freuten uns an ihrer Eßbegierde.
Wir warfen Körner zu dem Goldfasan,
Der sich nicht mit den Enten balgen konnte.

Dann war es wieder ruhig in dem Garten.
Die Enten flogen oder schwammen fort.
Der Goldfasan verschwand im Schilf.

Und morgen Mittag um die gleiche Stunde
Würden sie sicher alle wiederkommen.
Leer wäre es in uns und in dem Garten,
Wenn sie woanders ihren Hunger stillten.

DIE TOTEN FISCHE

Das Jüngste Gericht kam zu den Fischen
An einem kalten Wintertag,
Als eine zähe, ölige Masse
Auf der Oberfläche des Flusses lag.

Die Fische hörten nicht mehr
Den Klang der Posaunen beim Jüngsten Gericht.
Kein Engel erklärte ihnen,
Warum denn ihr Dasein zerbricht.

Vielleicht schwimmen manche der Fische
In kristallklaren Wassern auf einem anderen Stern.
Hier sind sie ausgestorben.
Das sehen die Fischer nicht gern.

DIE ALTE SPINNE

Ich bin mit meinem Netz sehr unzufrieden.
Es hat nicht die gewohnte Symmetrie.
Beim Weben bin ich hin und her gelaufen,
Viel mehr als früher. denn ich wußte nie,

Was war getan, was sollte ich noch tun?
Ich mußte mich da dauernd kontrollieren.
Ich war nicht sicher und oft nahe dran,
Vor Ungeduld die Nerven zu verlieren.

Zum Schluß ist mir das Netz dann doch gelungen.
Ich sitze hier. Ein Käfer hängt darin.
Ich seh ihn zappeln, langsam müde werden;
Ich merke, daß ich gar nicht hungrig bin.

BEIM SCHWIMMEN

Wenn ich schwimme, muß ich mit dem Wasser
Freundschaft schließen
Und mein Rhythmus muß sich mit dem seinen
Eng verbrüdern.
Wenn die Arme dies verweigern,
Wenn die Beine dies verweigern,
Werde ich mich selber hemmen
Und des stillen Vorwärtsgleitens
Eines Fisches nicht mehr würdig sein.

DU ZARTER MAI

Du zarter Mai, Du kommst, wie Du immer kamst.
Die Vögel zwitschern und die Bäume grünen.
Auch Menschen öffnen sich auf ihre Art
Zum Ansatz für ein wärmeres Beginnen.
Sie möchten blühen, doch da steht die Angst,
Weiß nichts von Frühling und Sommer und Herbst und Winter.
Sie trägt das ganze Jahr ihr graues Kleid
Und ihren unbarmherzig grauen Schleier.
Mit ihr kommt Haß, der keine Blüten sieht,
Denn er wächst selbst wie eine Riesenblüte
Und speist mit seiner kleinen Frucht die Angst,
Daß sie sich wie ein tolles Liebespaar
Durch Jahreszeiten und durch Jahre drehen.
Noch ist es Frühling und ein Birkenbaum
Kämpft zart und unnachgiebig mit Gefahren.
Die Tulpen blühen, unbeschwert von Sorge,
Und wissen nur von Frühling, nur von heute.

DER ALTE MACHTHABER

Der müde alte Mann
Sagt, was er immer sagte.
Er hat sich eingeschlossen
In seine Art von Welt.
Die große Schere der Macht,
Die er in Händen hält,
Pflegt den Garten des Vorjahrs,
Nicht den Garten von heute.
Das Unkraut von gestern ist ausgerottet.
Er bekämpft es noch immer.
Das Unkraut von heute webt seine Ranken um ihn.
Er weiß nicht, um was es sich handelt.

WIR, DIE SO BLIND AM REICH DER ZUKUNFT BAUEN

Wir, die so blind am Reich der Zukunft bauen,
Die Freiheit loben, wenn die Kette bricht,
Während sich immer neue Ketten bilden,
Von denen man erst später spricht;

Wir, die so blind am Reich der Zukunft bauen,
Nur einen Punkt davon beleuchtet sehen
Und gar nicht wissen, welche Urgewalten
Noch aus dem Unbekannten wehen;

Wir, die so blind am Reich der Zukunft bauen,
Dem Traum, der Hoffnung, der Vollkommenheit,
Wir sind die Tagelöhner des Geschehens,
Nie in den Bauplan eingeweiht.

Wir, die so blind am Reich der Zukunft bauen,
So völlig in die Sicht des Ichs verstrickt,
Bauen Kanäle, durch die unversehens
Ein Andres seine Strömung schickt.

DIE FLÜSSE

"Wir fließen vorwärts, bis wir münden müssen."
Sangen die Flüsse auf dem Weg zum Rhein.
Der Neckar sang dies Lied, die Lahn, die Mosel,
Die Nahe und der schmutzig braune Main.

"Wir hätten gern die Städte und die Dörfer
An unsrem Ufer länger angeschaut.
Aus unsern Quellen rieseln neue Wasser.
Der Weg nach rückwärts ist für uns verbaut.

Wir waren Bäche, als wir einst begannen.
Das Flußbett wurde tiefer, wurde weit.
Es war nicht Fortschritt, was uns weiterführte,
Es war ein Zwang, es war Notwendigkeit."

DA SAGTE GOTT IN DIE LEERE HINEIN

Da sagte Gott in die Leere hinein:
"Ich bin."
Die Leere regte sich nicht und schwieg.
Das Wort starb dahin.

Da sagte Gott in die Leere hinein:
"Du bist."
Und die Leere begriff, daß etwas in ihr
Entstanden ist.

EUPHORIE

Wenn Du zu mir kommst
Und meine Stunden füllst
Und selbst der Ärger noch
Den Glanz von silbernen Trauben trägt,
Dann haben alte Worte
Von neuem ihren Sinn.
Ein Segen spricht zu mir
Mit jungen Lippen.

STERNENWELTEN

Ihr Sterne dort am Himmel
Ähnelt den Bergesschatten.
Die blaue Linie steht am Horizont.
Erst wenn ich näherkomme,
Eröffnet sich das Tal
Mit Bäumen, Feldern, Blumen
Zwischen den Bergesketten,
Den waldbelebten Hängen.
Den steilen Felsenspitzen.

Ihr weißen Sterne,
Kleiner als Bergesschatten,
Zu weit entfernt für eine Menschenreise,
Habt einen Leib unendlich größer noch
Als jede Bergeskette hier auf Erden.
Ihr steht, wie Strahlenpunkte leuchtend,
uns unerreichbar und gesetzestreu
In Eurer Spähre und die Erde spricht
Vom schönen Stern. der dort am Himmel glänzt.
In jedem Stern verbirgt sich eine Welt.

MASKENGEDICHTE I

(Erinnerung an Gemälde von James Ensor)

Oh nein! Sie trugen nicht nur Affenmasken.
Es mußten manchmal Göttermasken sein.
Und manchmal Masken wahrer Menschenliebe
Und manchmal Masken wie von Erz und Stein.

Sie kauften Masken nicht im Maskenladen.
Chamäliongleich erschuf sie ihr Gehirn.
Sie ahnten nicht, daß sie die Masken trugen
Und tasteten nach ihrer nackten Stirn.

Sie saßen um den Tisch. Sie kannten sich.
Sie sprachen Worte, die sie leicht verstanden.
In jedem saß ganz lautlos die Gestalt
Des gut Verborgenen, des Unbekannten.

MASKENGEDICHTE IV

Er blickte hinauf zur Sonne und dachte:
Auch die Sonne trägt eine Maske.
Sie zeigt mir nicht ihr wirkliches Wesen.
In dieser Maske haben die Menschen
Jahrtausendelang den Willen von Göttern gelesen.
Auch heute, wenn wir die Sonne besingen,
Kennen wir nur die Maske der Sonne:
Singen von Wärme und Frühlingswonne,
Von Morgenrot und Abendrot.
Doch unerschrockene Teleskope
Wissen von unermeßlichen Kräften,
Von Gasen, von Wirbeln, von Explosionen,
Mit deren wahrem Bild
Abendrot und Morgenrot
Menschen und Tiere verschonen.
Die Maske der Sonne ist freundlich.
Doch die Wahrheit der Sonne, die furchtbare Sonnengewalt,
Ist nicht an menschliche Maße gebunden.
Ich muß mich an die Maske halten.
Ich darf von dem wirklichen Wesen der Sonne
Nur in Büchern lesen,
Die ich halb verstehe
Und die ich ganz vergesse,
Wenn ich die Sonne sehe,
Die stille Sonnenscheibe
Am Himmelszelt.

DIE VERTIKALE

Wenn ich zu den Sternen schaue,
Fühle ich die Weite in dem stillen
Unbewohnten Raum
Und ich weiß, ich bin nicht völlig hier
Zwischen Widersprüchen eingefangen.

Auf der Weide ruht
Es sich satt und gut;
Und der Körper lastet auf der Erde
Und der nächste Morgen ist schon nah.

Doch es gibt die Vertikale,
Jene zweite Möglichkeit.
Trotz der Schwerkraft des Geschehens
Steht auch dieser Weg bereit.

ALS ICH IM FLUGZEUG SASS

Als ich im Flugzeug saß,
Verwischten sich die Grenzen unter mir.
Als dann ein Raumschiff sich zum Mond erhob,
Schwebte die Erde wie ein blauer Ball
Im Dunkel zwischen vielen Sternen.

Doch meine Heimat ist ein Land
Mit seiner Sprache, seinen Bergen,
Mit Straßen, Feldern, Bäumen und den Städten,
Mit ihren Kirchen, ihren Warenhäusern
Und ihren Brücken über einem Fluß.

Im Grenzenlosen lebe ich in Grenzen.
Mein Auge sieht nur bis zum Horizont,
Auf seine Wellenlänge eingeschworen.

Fest eingespannt in meinen engen Raum
Weiß ich von Augen, die mit Instrumenten
Den Traum der Götteraugen sich erkämpfen
Und da, wo Götter einst vermutet wurden,
Dem Menschenleib ein neues Reich erobern.

Ich stehe hier am Ufer eines Sees
Zwischen der täglich miterlebten Landschaft
Und einer neuen, unerprobten Welt.
Ich bin in sie schon etwas einbezogen.
Ich fühle ihre Lockung, ihren Druck.
Nicht nur die Erde dreht sich. Auch die Zeit
Schwingt sich zu einem neuen Sternenbild.

DIE BERGE

Sie nannten dies Land ihr Land,
Das Land der Väter und Kinder.
Die Berge waren ihr Heimatsignal,
Das große Versprechen der Dauer.

Dann kamen Fremde gezogen,
Kamen einzeln, kamen in Massen,
Kamen im Frieden, kamen im Krieg.
Das Volk war nicht mehr das alte Volk,
Selbst wenn es in seinen Bergen blieb.

Die Berge wurden zu Heimatzeichen
Für Menschen mit einem andern Gesicht,
In dem die Trennung zwischen den alten
Und neuen Siedlern verblich.

Alte und Neue - ein Volk
Im Land der Väter, im Land der Kinder;
Und wieder kamen die Fremden daher,
Kamen im Frieden, kamen im Krieg,
Ließen sich nieder zwischen den Bergen
Im gleichen Regen, im gleichen Wind.

Und nur die Berge wissen,
Was unter dem Boden ruht:
Die Sieger wie die Besiegten,
Uralte Menschenflut.

GRENZÜBERGANG

Ich fahre über die Grenze.
Niemand kontrolliert meinen Paß,
Niemand durchsucht meinen Koffer.
Das war früher anders.
Vielleicht gibt es doch den Fortschritt,
Zumindest auf diesem Gebiet.
Vielleicht sind die Länder zusammengewachsen
Ganz leise. Man hat es kaum bemerkt.
Da hat sich etwas verändert.
Da sind wir uns näher gekommen,
Auch wenn wir verschieden blieben.
Man sollte sich daran erinnern
Und nicht mit veralteten Worten
Aufs neue Grenzen errichten,
Da, wo die Zöllner
Heute so freundlich sich zeigen.

UM DIE TRÄUME

Es ist ein schöner Sport, die Träume zu zerreißen,
Die aus dem Felsen eine Erde machten
Mit grünen Feldern, Städten, Schiffen, Straßen.
Es ist ein schöner Sport, die Träume zu zerreißen
Und auf den kahlen Fels unter dem Traum zu weisen
Und auf die kalte, ungeklärte Nacht
Und auf das Dunkel, auf die Schreckgebilde
Der unerlösten, schleierlosen Erde.
Es ist ein schöner Sport, die Träume zu zerreißen
Und mit der nackten Faust den nackten Tod zu geben
Und laut zu lachen über alles Leben,
Das so possierlich seine Würde baute.
Es ist ein schöner Sport, die Masken der Kultur
Von allen Wüstendünen wegzufegen,
Bis nur der Sand, ein feiner harter Sand,
Und starre Blöcke auf dem Boden liegen
Und selbst der Spott, der Sport des schönen Spotts,
Fühlt, wie sein Traumgewand leise zu Staub zerfällt.

IM ATELIER

In meinem Atelier
Stehen Bilder an allen Wänden.
Manche zeigen nur ihren Rücken,
Beschrieben mit einem kurzen Vermerk.
Manche halten sich sorgsam verborgen
Hinter dem gröberen, größeren Werk.
Viele habe ich längst schon vergessen.
Ein Reichtum an Bildern füllt meine Kammer.
Ich stehe hier und male noch immer.
Voller und voller werden die Räume.
Ich kann die tägliche Ernte nicht lassen.
Ich muß den Bildern die Freiheit geben.
Ich muß aus dem endlosen Strömen der Dinge
Immer wieder die Formen heben.

Ich werde sterben; das weiß ich genau.
Die Fahrt ist nicht mehr so weit.
Was werden die Bilder dann noch erzählen
In ihrer Einsamkeit?
Mein Atelier ist voll mit Bildern.
Sie stehen in Schränken, sie stehen an Wänden,
Bild um Bild von der langen Fahrt.
Wer kann sein Werk vollenden?

MEINE LIEBLINGSWORTE

Meine Lieblingsworte
Sind mir so lange zu Diensten gewesen,
Daß ich sie endlich entlassen sollte.
Sie sind von klein auf in mir gewachsen.
Wie soll ich einer neuen Brut
Von Worten Nahrung geben?

In diesen Worten ballte sich mein Leben,
Sie wurden zum Behälter, zum Symbol.
Bäume und Sterne, Wiesen und das Meer
Haben in mir unendlich tiefe Wurzeln.

Das, was ich bin, ist in sie mitverwoben.
Ich reiche durch sie in den Grund hinab,
Der ohne Umriß ist, aus dem ich lebe.

Wie kann ich Worte aus dem Dienst entlassen,
Die mir Gesetz und niemals Zufall sind?

SPRACHE

Das wahre Geschehen der Welt bleibt jenseits von Sprache
und Wort.
Das Wort braucht Ruhe. Die Welt kennt nicht die Ruhe.
Immer fließt sie dahin. Immer steht sie im Wechsel,
Vorwärts, rückwärts, seitwärts, aufwärts, abwärts,
Alles zugleich und ineinander verwoben.

Das Wort steht da und sucht, ein einsamer Fischer am Strand.
Im Meer des Geschehens wirft er die Netze aus
Und fängt die Welle und hebt sie rasch aus dem Strome empor.
Das ist das Wort, Fischer und Fisch zugleich:
Und der Fisch muß sein Leben lassen, sich aus dem
Zusammenhang lösen,
Um Wort zu bleiben, in Pyramiden von Worten,
Die wir dem strömenden Sein wissend entgegenbauen.

NACHBEMERKUNG

Dieser Band enthält Gedichte aus den Jahren 1986-1988. Bei aller Verschiedenheit der Themen und Formen haben sie eines gemeinsam: sie sind in einer Zeit geschrieben. in der viele Auffassungen und Beziehungen sich grundlegend ändern. Manche Ausdrucksweisen und Metaphern verlieren an Wirkungskraft. Neue tauchen auf. um menschlichen Grunderfahrungen unter den veränderten Verhältnissen zum Wort zu verhelfen und Einzelerscheinungen in einen umfassenderen Zusammenhang zu stellen. Jedes dieser Gedichte möchte auf seine Weise offen stehen für den Zustrom aus der privaten Gefühls- und Gedankenwelt des Lesers oder Hörers.

Gedichte mit einer römischen Ziffer im Titel sind Gedichtreihen entnommen.

Gedichtbände von Emma Kann
im Hartung-Gorre Verlag, Konstanz

Zeitwechsel. Gedichte 1981 - 1985
2. Aufl. 2023, 1. Aufl. 1987, 60 Seiten;
ISBN 978-3-89191-109-9

Im Anblick des anderen. Gedichte
2. Aufl. 2023, 1. Aufl. 1991, 82 Seiten;
ISBN 978-3-89191-315-4

Strom und Gegenstrom. Gedichte
Erste Auflage 1993, 82 Seiten;
ISBN 978-3-89191-660-5

Im weiten Raum. Gedichte 1992 - 1996
Erste Auflage 1998, 86 Seiten;
ISBN 978-3-89649-250-0

Ein Buch über Emma Kann:
Carola Hilmes (Hg.), Autobiographisches Mosaik. Emma Kann – Betrachtungen und Erlebnisse. Hentrich und Hentrich Verlag Berlin/Leipzig 2022